Berlin, 2012

für Ingeburg Schmitter in

Neuss

von Gisela + Helmut Oegenkolbe

Ender / Hörchner / Puppe / Romanus / Stötzer

Tambach-Dietharz in alten Ansichten

Verlag Rockstuhl

Impressum

Das Werk ist urheberrechtlich geschützt. Jede Verwertung außerhalb der engen Grenzen des Urheberrechtes ist ohne schriftliche Zustimmung der Verfasser unzulässig und strafbar. Dies gilt insbesondere für die Vervielfältigung, digitale Speicherung und Verarbeitung.

Verfasser / Redaktion / Herausgeber:
Manfred Ender, Hubert Hörchner, Helga Puppe, Annette Romanus und Bodo Stötzer

Fotos:
Zusammengestellt aus dem Archiv der Redaktion mit freundlicher Unterstützung vieler Einwohner von Tambach-Dietharz

Satz und Repro: Verlag Rockstuhl, Bad Langensalza
Druck: Druckhaus „Thomas Müntzer" Bad Langensalza

Papier: MediaPrint/Luxomagic (glänzend) - ist ein holzfrei vollgestrichenes Papier für Bilder- und Textdruck und wurde neutral geleimt und hat Kreide als Füllstoff. MediaPrint ist aus TCF-Zellstoff hergestellt und besitzt das Nordische Umweltzeichen mit der Lizenz Nr. 204 060.
Altersbeständigkeit nach ISO 9706: 1994

1. Auflage 2003

© Copyright 2003 by Harald Rockstuhl, Bad Langensalza

ISBN 3-937135-11-1

Verlag Rockstuhl
Lange Brüdergasse 12 in D-99947 Bad Langensalza
Telefon: 0 36 03 / 81 22 46   Telefax: 0 36 03 / 81 22 47

www.verlag-rockstuhl.de

Vorwort

Es gibt kaum eine erstrebenswertere Lebensaufgabe, als zu seiner Heimat zu stehen, sich für die Erhaltung derer Tradition einzusetzen und die Mitmenschen dafür zu begeistern. Wer Einblick in die Vergangenheit nimmt, wird besser die Gegenwart bewerten können. Mitmachen und Einsatz sind gefragt und nicht Abwarten, was wohl die Anderen tun werden, denn Vieles ist dadurch schon verloren gegangen. Fünf Gleichgesinnte, nämlich Manfred Ender, Hubert Hörchner, Helga Puppe, Annette Romanus und Bodo Stötzer, um sie in alphabetischer Reihenfolge zu nennen, haben sich getroffen, um aus ihrem über viele Jahre zusammengetragenen, schier unerschöpflichen Fundus, eine Auswahl der schönsten und interessantesten Ansichtskarten, aber auch Privatfotos aus Anlass des 750- jährigen Stadtjubiläums von Tambach- Dietharz im Jahre 2004 vorzustellen. Viele Bürgerinnen und Bürger beider Ortsteile haben uns unterstützt, ihre eigenen Fotosammlungen leihweise zur Verfügung gestellt, aber auch teilweise wertvolle Hinweise für die Bildtexte geliefert. Ihnen allen sei an dieser Stelle herzlich gedankt. Leider konnten wir aus redaktionellen Gründen nicht das gesamte Bildmaterial im Buch aufnehmen. Die Bilder wurden von uns archiviert und so zukünftig für alle Heimatfreunde gesichert.

Geburtstag der Bildpostkarte war der 16. Juli 1870 und ab 1872 wurden schon zahlreiche Ansichtskarten an Fremdenverkehrsorten vertrieben. Sie waren für den Absender eine Möglichkeit, plastische Reise- und Urlaubseindrücke zu übermitteln, ohne den Aufwand an Zeit und Gedanken, den ein Brief erfordert hätte, zu betreiben. Als die Voraussetzung für die Reproduktion von Fotografien im Druckverfahren geschaffen wurde, entwickelten sich die Ansichtskarten zu verlässlichen Zeitzeugen unserer Städte um die Jahrhundertwende und viele Menschen fanden Arbeit in der Ansichtskartenbranche. 1900 produzierten etwa 30.000 Personen in Deutschland jährlich etwa 750 Millionen Postkarten mit Tausenden von Motiven. Kein Wunder also, dass es von Tambach und Dietharz ebenfalls unzählige Ansichtskarten aus dieser Zeit gibt, erstens, weil sich damals der Fremdenverkehr in beiden Ortsteilen stark entwickelte und zweitens weil unser Heimatort eine Fülle malerischer Motive aufweist, die sich als Kartenansichten vorzüglich eignen. Die ältesten Karten erkennen Sie daran, dass sie auf der Bildseite beschrieben sind. Bis 1904 war es nicht gestattet, Mitteilungen auf die Adressenseite zu schreiben. Neben den Bildpostkarten präsentieren wir Ihnen Fotos vom Leben und Wirken der Menschen Anfang des 20. Jahrhunderts, stellen Sitten, Bräuche und Vereine vor, zeigen Tambacher Originale, erinnern an schweres Hochwasser und informieren in der gebotenen Kürze über Bildinhalte. Ich hoffe, wir haben Sie neugierig gemacht?

Tambach-Dietharz ist seit 125 Jahren als Domizil für Erholungssuchende bekannt. Der Ort mit einem Gesamtareal von 4.700 ha liegt mitten im Thüringer Wald in einer Höhenlage von 450 – 886 m und gehört wegen seiner geographischen Lage zu den waldreichsten Gebieten Deutschlands zwischen Wartburg und Oberhof. Die Kleinstadt liegt nur 4 km unterhalb des legendären Rennsteiges in einem weiten, nach Süden, Westen und Osten ansteigenden fächerförmigen Rodungsgebiet. Auf sie kommen strahlenförmig von der Höhe des Gebirges 7 reizvolle Täler mit plätschernden Bächen zu, die sich im Ort vereinigen. Die Schönheit dieser Täler ist das Besondere an der Landschaft zwischen dem Rennsteig und Tambach-Dietharz. Sie verleiht ihr einen einzigartigen Reiz, durch den sie berühmt geworden ist. Bekannt sind auch die beiden Trinkwassertalsperren, die sich harmonisch ins Landschaftsbild einfügen. Heute wird der Ort von Industrie und Tourismus geprägt. Durch die zentrale Lage und gute Verkehrsanbindung sind Gotha, Erfurt, Weimar, Eisenach, Arnstadt, Schmalkalden und andere kulturhistorische Städte schnell und problemlos zu erreichen. Aufgrund der natürlichen Ressourcen „Wald, klarem Wasser und reiner Luft" hat der Erholungsort Tambach-Dietharz den Antrag auf Anerkennung zu einem Luftkurort gestellt.

Dieser kleine Bildband soll ein erster Beitrag zur Stadtgeschichte im Jubiläumsjahr sein. Viel Spaß beim Anschauen und Lesen. Wir steigen jetzt ein ins Taxi und beginnen die Zeitreise durch unseren schönen Heimatort. Folgen Sie uns und lassen Sie sich inspirieren.

Helga Puppe

Mit Freude und Humor gepaart
beginnen wir die schöne Fahrt
im ungewohnten Körperdress,
gut ausgeruht und ohne Stress,
erklären Häuser und Natur,

wünschen viele Freude nur
all denen, die sich nehmen Zeit
beim Blick in die Vergangenheit
von unserer liebenswerten Stadt,
die soviel Sehenswertes hat.

Gute Fahrt

Auf dem Foto ist die Lohmühle um etwa 1920 abgebildet. Sie gehörte neben Schlöffelsmühle und Rodebachmühle zu den 3 Mühlen, die zwischen Tambach und Georgenthal lagen. 1536 erstmalig als „Lowmullen" urkundlich in der Tambacher Flur unten am Georgenthaler Weg beim Schafstege erwähnt, blickt sie auf eine wechselvolle Geschichte zurück und ist heute namensgebend für den Georgenthaler Ortsteil LOHMÜHLE. Der Name der Mühle hat seinen Ursprung in Lohe, einer gerbstoffhaltigen Baumrinde, die für die Lohgerberei, d. h. Bearbeitung von Fellen und Häuten benötigt wurde. Heute präsentiert sich die Lohmühle in vollkommen neuem Gesicht. Seit 1997 ist sie Museum und ab dem Jahr 2000 wurde ein behindertengerechtes und barrierefreies Erlebnisgasthaus geschaffen, dass mit Waldbiergarten, Barfußweg, Angelteichen, Kinderspielplatz und großer Terrasse zum Besuch einlädt. Inzwischen sind auch die jährlich stattfindenden, traditionellen Lohmühlenfeste beliebtes Ziel von Gästen aus nah und fern.

Tambacher Pappen-Fabrik Bruno Vieweg

Tambach (Thüringerwald)

Der aus Wandersleben stammende Papiermacher Stedekorn betrieb um 1770 an diesem Ort eine Papiermühle und stellte Büttenpapier her. Aufgrund zunehmender Wasserverschmutzung konnte die Qualität des Büttenpapiers nicht mehr gewährleistet werden. Der Nachbesitzer, Bruno Vieweg, begann sodann um 1890 mit der Pappenfabrikation. Es entstanden moderne Gebäude mit Trockenböden im Obergeschoss sowie Trockenschuppen am Ufer der Apfelstädt. Ein oberschlächtiges Wasserrad mit einem Durchmesser von 5 m erzeugte Energie für die Arbeit am Kollergang. Mittels Turbine nutzte man Wasser aus dem angelegten Mühlgraben für die Eigenstromerzeugung. Bis 1975 blieb der Betrieb unter Karl Hähnlein in Familienbesitz. Durch Änderung der Gebäudenutzung erfolgte bis 1985 ein Rückbau der technischen Gegebenheiten. Heute erinnert lediglich der Flurname „Papiermüllerskopf" an einstige wirtschaftliche Bedeutsamkeit.

Interessierte Wanderfreunde, die abseits der üblichen Wege von Tambach in Richtung Ebertswiese wandern, können noch heute quer durch den Wald eine Schneise erkennen, auf der in größeren Abständen alte Fundamente zu finden sind. Es ist der 7,2 km lange Weg der alten Industrie-Seilbahn vom ehemaligen Hartsteinwerk (hier im Bild) bis hin zu den Hühnbergen. Ein alter Briefkopf von 1914 der „Gothaischen Diabas-Porphyr-Werke" zeigt uns, dass der Hühnberg-Bruch wie auch der Steinbruch im Schmalwassergrund schon lange Zeit vor Errichtung der Seilbahn betrieben wurden. Auf einem alten Foto von 1926 sind 60 Arbeiter auf dem Gelände des Steinbruches am Hühnberg zu sehen. Der Abtransport mit Fuhrwerken und im Winter mit Schlitten war beschwerlich und nicht sehr effektiv. Deshalb entschloss sich das Gothaische Werk nach langer Vorplanung 1927, die Seilbahn zu errichten. Doch schon 1928 ging es in Konkurs und wurde vom „Örtelsbruch" Schmiedebach übernommen. Ab 1936 lautete die Firmenbezeichnung

„Diabas-Werke Tambach-Dietharz GmbH". Der Örtelsbruch war nur noch Anteilseigner. Im Abstand von 75 Metern hingen 180 Loren an der Seilbahn, die vom Hühnberg bis zum Steinbrecher unterhalb des damaligen Bahnhofgeländes führte. Die vollen, bergab laufenden Loren zogen die leeren ohne wesentlichen Energieaufwand wieder bergauf zum Hühnberg. Mit Beginn der 40er Jahre war der Steinbruch ca. 16 m tief. Es drang in zunehmendem Maße Schichtwasser ein, so dass man 1942 den Abbau des Diabasgesteines aufgab. Es entstand der Bergsee am Hühnberg wie wir ihn noch heute kennen. Die Seilbahn wurde 1949 demontiert. 1964 baute der VEB Waggonbau Gotha die alten Betriebsanlagen am Hühnberg zu einem Kinderferienlager aus, das später vom RAW Dresden übernommen wurde. Nur das Hartsteinwerk selbst, unterhalb des Bahnhofes, widerstand bis zum 06.Juni 1994 als Industrieruine allen Abrissversuchen. Heute steht auf diesem Gelände das neue Feuerwehrgerätehaus der Tambacher Feuerwehr.

Auf dem Bild sehen wir das Empfangsgebäude des Tambacher Bahnhofes vor der Erweiterung um 1910. Bereits im Dezember 1892 wurde die Bahnstrecke von Georgenthal nach Tambach eröffnet und in den Jahren 1895 / 1896 erweitert. Es wurde der Güterschuppen vergrößert und eine Wartehalle angebaut. 1897 baute man eine 50 m lange Holzverladerampe im Bereich der Haltestelle und in den folgenden Jahren auch Anschlussgleise zu verschiedenen Firmen, z. B. 1900 den Gleisanschluss zu „Ernst Kleinsteubers Söhne" der später vom VEB Presswerk genutzt wurde, 1902 zur „Dietharzer Feldbahn" über ein Stumpfgleis für den Zugmaschinenwechsel und Materialtransport zum Bau der „Gothaer Talsperre" und 1927 den Gleisanschluss zum Hartsteinwerk. Im Jahr 1959 erhielt auch das „Schraubenwerk", heute „EJOT", ein Anschlussgleis mit eigener Rangierlok. Am 1. Mai 1992 schloss der Bahnhof seine Türen für immer. Er wurde 1994 abgerissen und auf dem Gelände eine Tankstelle sowie ein Einkaufszentrum errichtet.

Diese Ansicht von der Bahnhofstraße entstand in den 50er Jahren des vorigen Jahrhunderts. Schneereiche Winter waren damals keine Seltenheit. Die Straße wird von Linden gesäumt, die 1904 vom Verschönerungsverein angepflanzt wurden. Wo heute die Drogerie „Schlecker" nebst zugehörigen Parkplätzen zu finden ist, sehen wir auf dem Bild links die ehemalige Verlagsanstalt und Buchdruckerei WILLY KRÜGER u. SOHN, Inhaber: Erna Krüger. Das Geschäft war bekannt für Spieleherstellung, Anfertigung von sämtlichen Drucksachen und Prospekten. Es gab Papier- und Schreibwaren sowie Reiseandenken aller Art. Manche Wanderkarte aus dem Haus wird auch heute noch benutzt. Sämtliche Vorgärten auf der linken Seite des Bildes mussten bei Straßenerneuerungen den Gehwegen und Parkplätzen weichen.

Auf diesem Foto präsentiert sich die Bahnhofstraße um etwa 1920. Im Vordergrund rechts sehen wir das „Hotel zum Falkenstein", das 1852 als Gasthof „Goldener Löwe zum Falkenstein" von Julius Schiffner gebaut wurde. Zum Hotel gehörten damals schon die Kegelbahn und auch eine Brauerei, die der Pachtschankwirt Krebs 1863 baute. Das Wasser zum Brauen wurde durch einen Graben von der Apfelstädt her, hinter den auf dem Bild zu sehenden Häusern der Bahnhofstraße 16 – 36, zum Grundstück geleitet. Der Felsenkeller am Mühlgraben an der Trift gehörte als Bierlager dazu. Zu diesem Felsenkeller führte ein Holzsteg über die Apfelstädt. Prominentester Gast im Hotel war wohl seine Königliche Hoheit, Prinz Wilhelm von Preußen, der vom 28.04. bis 01.05.1881 hier gastierte, um täglich Jagdausflüge zur Auerhahnbalz zu unternehmen. Nach einer wechselvollen Geschichte und umfangreichen Renovierungen eröffnete das Hotel am 30. Juli 1994 als „Landhaus Falkenstein" wieder seine Pforten.

Tambach Gasthof zum Thüringer Wald. Inh.: A. Braun

Der Gasthof „Zum Thüringer Wald" mit Schlächterei wurde im Jahre 1893 vom Metzgermeister Paul Rudolph aus Gotha erbaut. 1896 war der Inhaber Alfred Braun. Langjährige Inhaberin des „Thüringer Wald" war auch Anna Raab, deswegen im Volksmund auch „Thüringer-Wald-Anna" genannt. Links befand sich ein Zigarrenlädchen. Später arbeitete bis Oktober 1945 darin die „Bank für Handwerk und Gewerbe". Zu DDR- Zeiten war es eine HO-Gaststätte und im rechten Teil befand sich der einzige Delikatladen von Tambach-Dietharz. Jetzt befindet sich im linken Teil des Gebäudes eine privat geführte Gaststätte und auf der rechten Seite ein Schreib- und Papierwarengeschäft mit Lotto – Annahmestelle, das ab 11. August 2003 auch die Aufgabe einer Postagentur übernahm. Die langjährige Geschichte unseres alten Postamtes fand damit sein Ende.

Villa Hopf, Tambach (Thüringer Wald)

Auf diesem Bild sehen Sie die „Hopf'sche Villa" an der Triftstraße. Wie in der damaligen Zeit üblich, hatten sich der Fabrikant und seine Familie ihr Wohnhaus unmittelbar neben, in diesem Falle gegenüber, dem Betrieb an der Triftstraße eingerichtet. Vom Bau des Hauses an der Triftstraße liegen keine gesicherten Unterlagen vor. 1937 wurde die Villa innen erneuert und modernisiert. Nach der Enteignung und wechselnden Eigentumsverhältnissen immer baufälliger geworden, wurde die Villa 2002 abgerissen.

1896 gründete Adolf Hopf zusammen mit dem Fachmann Braun eine Metallwarenfabrik in welcher Tabak-, Pfeifengarnituren, Deckel, Ringe, Beschläge usw. hergestellt wurden. Nach einem Jahr schied der Mitinhaber Braun aus und die Firma wurde von Adolf Hopf alleine weitergeführt. 1906 konnte mit der Herstellung von Metallmassenartikeln für die Glasindustrie begonnen werden. Im Oktober 1930 erfolgte die Umwandlung der Metallwaren-Manufaktur Adolf Hopf in eine Familien-Aktiengesellschaft unter dem Namen „Metallwerke Adolf Hopf, Aktiengesellschaft".

Ständig entstanden neue Gebäude, sodass ab 1930 zusätzlich die Produktion von Kunststoffartikeln aufgenommen werden konnte. Das Werk entwickelte sich rasant. Die Belegschaft war von anfangs 20 Personen auf 300 angewachsen. Dem jungen Werkführer Adolf Hopf wurde 1910 für diese Leistung der Titel „Kommerzienrat" verliehen. 1927 wurden 600 und 1936 über 1.100 Menschen beschäftigt. Im Laufe von 4 Jahrzehnten war das Werk zum Segen des Ortes und der näheren Umgebung herangewachsen und hatte dadurch die wirtschaftliche Lage unserer Waldbewohner wesentlich verbessert. Die „Metallwerke Adolf Hopf, Aktiengesellschaft" zählte zu den leistungsfähigsten Fabriken für Metall- und Bakelit-Massenartikeln in ihrer Art. Im Frühjahr 1946 wurde das Werk vollständig demontiert und 1949/50 wieder aufgebaut. Es wurden Kunststoffartikel und Preßformen hergestellt. Heute befindet sich auf dem Gelände die Geiger-Technik GmbH.

Mittelalterliche Verkehrswege, die dem Nord-Süd-Handel dienten, querten auch das Gothaer Land und mußten die Barriere des Thüringer Waldes überwinden. Diese Wege wurden auch von fußgehenden, reitenden oder fahrenden Kurieren zur Nachrichtenübermittlung genutzt. Mit Beginn des 19. Jahrhunderts ist in Tambach die „Alte Straße" über den Rosengarten zur „Alten Ausspanne" weiter nach Hessen als Poststraße bezeugt.

Tambach kam schon frühzeitig durch die territorialen Anbindungen mit den Postkursen in Berührung und erhielt im November 1830 am Gasthaus „Zum Bären" eine Posthalterei für den Pferdewechsel. Mit dem weiteren Ausbau des Bahnnetzes verlor die traditionelle Postbeförderung ihre Wertigkeit. In der Woche vom 9.-12.12.1859 ordnete man eine Zählung der Lokalpost mit folgendem Ergebnis an: Tambach 6 Briefe, Georgenthal kein Brief und Ohrdruf 13 Briefe. 1876 wurde der Verkehr mit Postkutschen eingestellt. Um das Postamt weiter zu betreiben, wurde täglich 2x eine Fußbotenpost „Tambach-Georgenthal" angelegt. Die Postexpedition Tambach wurde zum 23.05.1871 aufgehoben und als Postagentur eingestuft. Postagent war der Apotheker Matthias. Die Post wurde zum 01.11.1888 von der „Kaiserlichen Post" zur Nutzung angemietet und mit den Geschehnissen der Zeit am 01.01.1957 Eigentum der Post. Im August des Jahres 2003 schlossen sich die Türen dieses Hauses.

1899 wurde vom Unternehmen „Klein, Raab und Wolf" das „Hotel zur Post", Bahnhofstr. 24, projektiert und errichtet. Der damalige Inhaber war ein gewisser Herr Lange. Die Geschichtsschreibung berichtet wenig über die Historie des Hauses. Das Gebäude jedenfalls steht hälftig auf Dietharzer und Tambacher Flur, denn den Grenzstein suchte und fand man hinter dem Kachelofen! Der Name „Nasse Post" wurde dem Haus im Volksmund angetragen aufgrund seiner unmittelbaren Lage gegenüber dem Gebäude der eigentlichen Ortspost unter dem Hintergrund des Hotelbetriebes. Ab 1905 war im Gebäude das Bürgermeisteramt von Dietharz untergebracht (von der Lage eigentlich außerhalb des Ortsbildes von Dietharz) und dies bis zur Vereinigung der beiden Waldorte Tambach und Dietharz am 01.02.1919. In den 30er Jahren erwarb die Raiffeisenbank das Gebäude und so bekam das Haus auch den Namen „Gewerbebank". Nach 1945 wurde das Haus als Bank und später als „Club der Volkssolidarität" genutzt, bis es 1992 der Volksbank rückübertragen wurde.

Turnen ist eine der ältesten Sportarten in Tambach. 1886 gilt als Gründungsjahr des 1.Turnvereines. So verkündet eine Grußpostkarte von 1911, dass vom 1. bis 3. Juli das „17. Westthüringer Gauturnfest" zu Ehren des 25-jährigen Jubiläums der Tambacher Turner mit einem Sportfest durchgeführt wird. Die Fotos auf dieser Doppelseite zeigen 2 Programmpunkte des großen Festes. Links sehen wir den Festumzug, an dem zahlreiche Turnvereine teilnahmen. Sie marschierten am 2. Juli ab 13:30 Uhr mit ihren Vereinsfahnen und Musik durch die festlich geschmückten Straßen zur Stauweiherwiese, vorbei an der damaligen „Bäckerei- und Mehlhandlung" von Carl Brill, später dann Bäckerei Gollhardt, Bäckerei Rasebäck, jetzt Bäckerei Schütz. Aufstellungsort des Festzuges war die Nesselbergstraße. Das rechte Foto zeigt den Veranstaltungsort, nämlich die Festwiese und Wettkampfstätte, auch als „Erster Sportplatz" zu bezeichnen.

Er lag linksseitig an der Fuchsbergstraße, wenn man von Dietharz kommend in Richtung zum heutigen Sportplatz geht und erstreckte sich vom Eingang zur Staumauer bis zum Hochwald am Hundeplatz als ca. 30 m breiter Wiesenstreifen. Etwa 2.000 Turner nahmen am Wettturnen teil. Nach der Festrede des Gauvertreters und dem gemeinsamen Singen des Liedes: „Oh, Deutschland hoch in Ehren" fanden auf der Festwiese 1. Aufmarsch und Freiübungen, 2. Allgemeines Riegenturnen, 3. Musterriegenturnen, 4. Sondervorführungen, 5. Kürturnen und Spiele statt. Abends nach der Verkündigung der Sieger traf man sich zum Ball im Tambacher „Schützenhof" und Dietharzer „Herzog Alfred". Am 3. Juli, nach dem Frühschoppen in oben genannten beiden Festlokalen wurden Ausflüge in die nähere Umgebung durchgeführt.

1869 gründeten die Geschäftspartner Friedrich Christian Klein, Karl August Wolf und Johann Christian Raab eine „Gewerkschaft" und betrieben ein Sägewerk im Schmalwassergrund. Der Betrieb wurde zu klein, sodass 1885 durch den Ankauf eines kommunalen Grundstücks das Sägewerk in der Poststraße entstand. Nach dem Austritt von August Wolf 1900 bewirtschafteten den Betrieb der Zimmerer- und Baumeister Fritz Klein, später sein Sohn Rudi Klein mit dem Partner Zimmermeister Karl Raab, später dessen Sohn Erich Raab. Bis 1946 waren im Sägewerk ca. 40 Arbeitskräfte beschäftigt. Mittels moderner Anlagentechnik war der Betrieb seinerzeit leistungsstark und konkurrenzfähig. Nennenswert ist der Bau von Häusern für die Tambacher Straße in Oberhof. Das vorgefertigte Bauholz wurde mit Pferdegespannen über die Ölbergchausee nach Oberhof transportiert und dort verbaut. Nach Jahren erfolgreichen Schaffens wurde das Sägewerk 1965 stillgelegt.

1900 eröffnete Heinrich Wolf einen kleinen Gemischtwarenladen in Dietharz. In den „Goldenen 20er Jahren" übernahm Sohn Louis Wolf den väterlichen Betrieb. Kolonialwaren - „Weine, Säfte, Brause, Bier - das gab es schon immer hier! Obst, Gemüse, Sauerkraut, Nudeln, Seife, Zahnpasta, so was war schon immer da". Das gab's hier von Anfang an bis ins 12. Jahr nach der Wende. Der Zahn der Zeit hatte auch dieses Geschäft erreicht und nach Oma Berta und Tochter Inge ging ein kleines Familienunternehmen zu Ende. Auf der Strecke blieben auch das schnell mal Einkaufen um die Ecke, ein paar nette Worte und der Dorffunk klappt auch nicht mehr so wie er mal war. Anekdote: „Hästen schün gehürt, der Semptner's Franz hätt'n Löffel hingelaart, se hanns in der Schmedde hüt fröh erzohrlt". Die Fuhrleute trauten am Nachmittag bei der Heimfahrt am Sportheim ihren Augen nicht, Andres sagte verwundert: „Ich dacht der wirr duet !"

Die Gaststätte „Herzog Alfred" ehemals „Napoleonstein" wurde 1877 vom Metzger Julius Rassmann erbaut. Zur Gastwirtschaft mit Metzgerei wurde 1887 ein Tanzsaal angebaut. 1906 hieß der Besitzer August Bussewitz. Später wurde aus der Gastwirtschaft der „Gasthof zur Talsperre" und gehörte Berthold Möller, auch „Boller" genannt. Regelmäßig fanden Kloßabende, Aufführungen von Theaterstücken, wie z. B. „Die Dorfprinzessin", Kaspertheater für Kinder und die Kirmes statt. Auch war hier eine Sammelstelle für Lumpen, Knochen und Altpapier. B. Möller fuhr mit seinem Kleinlastwagen durch den Ort und führte Straßensammlungen durch. Mit dem Spruch: „Lumpen, Knochen und Papier - alles nimmt der Lumpenmann - Lumpennatnana - der Lumpenmann ist wieder da!" kündigte er sich lauthals an. Das Gebäude wurde abgerissen. Auf dem Gelände befindet sich jetzt der Städtische Bauhof.

Im Ortsteil von Dietharz gelegen finden wir am Aufgang zum Kirchberg das Gasthaus „Felsenthal". Die Historie ist etwas verborgen, jedoch sagt die Überlieferung, dass auf der Grünanlage und dem Vorplatz einstmals das Dietharzer Brauhaus stand. Einstiges Überbleibsel aus jener Zeit ist die Namensverbindung zu der uns noch heute vertrauten, in unmittelbarer Nähe gelegenen „Braubrücke". Aus dieser Nachbarschaft könnte die Entstehung der Gaststätte „Felsenthal" resultieren. Um 1900 war die Gaststätte Eigentum der Brauerei Mühlhausen. Man suchte nach einem Wirt und so übernahm Ottomar Jünemann 1906 bis 1956 das Haus. 1924 ersteigerte die damals im Ort erstarkte Konsumgenossenschaft das Objekt. Dem Betreiber wurde auferlegt, dass eine Fleischverkaufsstelle eingerichtet werde, sowie der Verkauf von Lebensmitteln erfolgen solle. Das Gasthaus verfügt über ein großräumiges Tonnengewölbe, welches insbesondere in der Kriegszeit als Zufluchtsort genutzt wurde.

Gruss aus Dietharz
kennen Sie unser Städtchen noch?
Verlag von Thilo Mosche, Tambach.

Im Vordergrund des Bildes sind die typischen, durch Erbteilung entstandenen „Handtuchfelder" zu sehen. Heute befindet sich hier ein großes Siedlungsgebiet mit den Straßen: „Straße der Einheit" und „Straße des Friedens". Im Hintergrund ist die Dietharzer Bergkirche zu erkennen. Rechts im Bild ist die Teichmühle am Fuchsberg zu sehen. Sie war verschrien, da in ihr der Besitzer, Hermann Kölmer, seine Frau Valeda und Töchterchen Margarete grausam ermordet wurden. Der Mörder Taldorf aus Erfurt wurde dafür verurteilt und hingerichtet. Später war hier die Stockfabrik der Gebrüder Kayser aus Georgenthal. 1900 ist die Mühle bis auf die Scheune abgebrannt. 1902 wurde die Scheune durch Bretterumbau für die Bauarbeiter der Talsperre als Kantine hergerichtet.

Die wirtschaftliche Existenz der Bevölkerung war seit jeher verbunden mit der Haltung von Nutzvieh. Da die eigene Zeit oftmals nicht vorhanden war, wurde vom Ort ein eigens bestellter Hirte in Lohn genommen, der täglich mit seinem Hirtensignal die heimischen Kühe und zu Zeiten auch Ziegen auf umliegende Waldweiden trieb. Man berichtet, dass im Ort damals ca. 450 Kühe, einfarbig gelbes Höhenvieh der Franken, und ebensoviel Ziegen gehalten wurden. Für die Verrichtung von Wald- und Lohnfuhrarbeiten gab es mehr als 50 Thür. Kaltblutpferde, eine Abstammung von der Gattung der „Belgier". Sie passten sich besonders den hiesigen Verhältnissen in der Zuchthaltung an. Besonders stolz waren die Tierzüchter auf ihre Zuchtergebnisse. Bei jährlichen Ausstellungen erfolgten eine Zuchtbewertung und Leistungsprämierung. Auf dem Bild sind vorn Arno Starkloff, Liesbeth Platz und Ernst Gessert zu sehen.

Haus Pabst
Tambach-Dietharz i. Thür.

Gute, saubere Zimmer mit fließendem Wasser

elekt. Licht, Bedienung, Heizung Küchenbenutzung, einschl. Geschirr und -Abwaschen. zum Preise von 1.— Mk. pro Bett und Tag.

Kochgas, Eßzimmer zur Verfügung. / Tische werden gedeckt. / Geschäfte 5 Min. Weg. Milch und Brötchen werden ins Haus gebracht.
Garten mit Veranda. / Bad und Zentralheizung. / Liegewiese auf sonniger Berghöhe.

Noch heute steht das Haus Papst im Dietharzer Grund, kurz vor dem Hühlloch, am Eingang des Schmalwassergrundes, Nähe Marderbach. So, wie dieses Haus wurden in Tambach viele Häuser zur Betreuung der Kurgäste hergerichtet. Garten mit Veranda und Liegewiese boten schon ein besonderes Ambiente für die Gäste. In den Jahren um 1920 wurde Werbung mit Hilfe dieser schönen Ansichtkarte betrieben, die aus dieser Zeit stammt. Die Vorteile, die der Gast genießen konnte, wurden genannt, wie elektrisches Licht, Bedienung, Küchenbenutzung einschließlich Geschirr und Abwaschen zum Preis von 1.- Mark pro Bett und Tag. Auch die Kinder der Vermieter gingen nach der Schule auf Werbetour, indem sie Wanderer, die durch den Ort kamen, ansprachen. Mit einem Werbeslogan, wie „Suchen Sie Privatlogei, so kehren sie bei Mayer oder Rassmann ein."

Die Geschichte berichtet, dass bereits um 1600 Bochmühlen (Boch = Bock) hier standen. Das Wasser für die Schneidemühlen wurde größtenteils durch angelegte Mühlgräben an die Standorte herangeführt. Die „Schneidemühle am Hülloch", wurde 1877 durch Böttchermeister Wilhelm Brettmacher und Mühlenbaumeister Heinrich Henneberg erbaut. Ursprünglich befanden sich am Platz eine Böttcherwerkstatt und eine Werkstätte zur Herrichtung von Mühlengegenständen. 1878 erfolgte die Umstellung auf eine Schneidemühle, welche zuerst mit einem Wasserrad, später mit einer Lokomotive (Dampfmaschine) arbeitete. 1932 wurde die Schneidemühle durch Adolf Nacke angekauft. 1960 kaufte die Forstverwaltung das Betriebsgelände. Der Platz wurde als Waschplatz genutzt, und die noch vorhandenen Gebäude wurden letztlich 1978 abgetragen. Allein im Schmalwassergrund befanden sich um 1900 vier Schneidemühlen, die als Produzenten für den Baustoff Holz gefragt waren und so damalige regionale Bedeutung hatten.

Das Hülloch liegt am Ortsausgang von Dietharz links, etwa 15 m über der Talsohle auf einer langen Felswand aus Konglomerat des Oberrotliegenden. In den unruhigen Zeiten des Mittelalters haben sich die Bewohner von Dietharz in der geräumigen Höhle versteckt gehalten. Von ihrem Klagegeheul soll die Grotte den Namen „Heulloch" erhalten haben. Als 2. Variante der Namensgebung wird vermutet, dass die durchfahrenden Windgeräusche, die dem Heulen ähnlich sind, der Höhle den Namen gaben. Egal, woher der Name kommt, wie auf dem Foto zu sehen ist, war die imposante Felsenhöhle schon immer ein Anziehungspunkt für Feriengäste.

Im 19. Jahrhundert hatten bis zu 110 Maurer, Steinmetze und Steinbrecher in einer Vielzahl von Steinbrüchen rund um Tambach-Dietharz ihr Einkommen. Neben Sedimentgestein, dem sogenannten Rotliegenden, wurde vor allem der sehr harte Diabas abgebaut. Vor dem ersten Weltkrieg gab es z.B. 5 Steinbrüche, die Sedimentgestein, drei unterhalb von Tambach am Bromacker und neben der Straße nach Georgenthal und zwei am Nesselberg in Nähe der Neuen Ausspanne, abbauten, sowie einen Porphyrbruch im Schmalwassergrund auf Dietharzer Gebiet. Diabas wurde damals am Hühnberg abgebaut. Der Porphyrbruch im Dietharzer Grund (hier im Bild zu sehen) war Hauptlieferant von Steinen zur Zeit des Talsperrenbaues der Gothaer Talsperre von 1903 bis 1906. Heute befindet sich auf dem gesicherten Gelände des Steinbruches ein Parkplatz für die Besucher der Talsperre Schmalwasser und anderer umliegender Sehenswürdigkeiten, wie z. B. Röllchen und Falkenstein.

Das eigentliche Wasserwerk in Dietharz nahm bereits 1873 seinen Betrieb auf, nachdem schon 1872 eine 25 km lange Wasserleitung vom Hochbehälter Hirzberg (bei Georgenthal) die Stadt Gotha mit Wasser versorgte. Dieser Hochbehälter wurde durch die Quellen Gespring und Karolusbrunnen im Mittelwassergrund gespeist. Zur Sicherung der Wasserversorgung mussten weitere Quellen angekauft werden. Das Wasserwerk ging 1889 in den Besitz der Stadt Gotha über. Von diesem Zeitpunkt an prüfte der Ingenieur Hugo Mairich, wie der Zufluss zum Hochbehälter vergrößert werden konnte. Eine zukunftsträchtige Wasserversorgung sah er nur im Bau einer Talsperre, deren Sperrstelle man ca. 600 m unterhalb des Zusammenflusses von Mittelwasser und Apfelstädt errichten sollte. Mit den Vorarbeiten zum Bau der ersten Talsperre in Thüringen begann man bereits 1902, fertiggestellt wurde diese 1905 und am 7. Juli 1906 erfolgte die Einweihung.

1. Gothaer Talsperre bei Tambach-Dietharz. Die Sperrmauer.

Sie besitzt ein Fassungsvermögen von 775.000 m³. Die Staumauer hat eine Höhe von 26,5 m und eine Kronenlänge von 110 m. 1928 musste die Talsperre zum zweiten Mal entleert werden, da sich im Sommer 1927 die Trinkwasserqualität sehr verschlechterte und man dies in Zusammenhang mit dem Freitod eines Liebespaares im Stausee brachte. Gefunden wurde aber ein sauberes Becken. 1946 angelten zwei russische Offiziere, aber nicht mit Angelhaken, sondern mit Sprengstoff. Durch die Detonation vergrößerten sich die bereits bestehenden Risse in der Staumauer. Von 1987 bis 1992 erfolgte eine grundlegende Sanierung. Heute steht die Staumauer unter Denkmalschutz. Während man früher auf der Krone der Staumauer lustwandelte, finden nun seit 4 Jahren am Fuße der Staumauer, anlässlich des jährlichen Stadt- und Schützenfestes im Juni, die inzwischen sehr beliebten „Talsperrenkonzerte" statt.

Kurz vor dem Falkenstein befindet sich die einzige Hochgebirgsklamm in Thüringen, das Röllchen, eine aus hellrotem Porhpyr bestehende wilde Felsenschlucht, ähnlich einer Alpenklamm. Von hohen Steinwänden rieselt das Wasser. An der letzten Felsenkulisse hat sich ein kleiner Wasserfall gebildet. Imposant und sehenswert sind im Winter die vereisten Felswände, an deren Vorsprüngen sich teilweise meterlange Eiszapfen bilden. Von den Bergsteigern werden diese Felswände im Winter auch zum Eisklettern genutzt.

Bereits im 10. Jahrhundert begann der Bergbau in unserem Gebiet. Sind die Spurrinnen Zeugen aus dieser Zeit? Wurde hier Eisenerz abgebaut und abtransportiert oder sind diese Spuren alte Geleise der Fuhrmannszeit? Diese Fragen beschäftigen auch heute noch Historiker.

Bad Tambach in Thür., Falkenstein mit Badegraben

„Bergauf – talein zum Falkenstein", so ruft es Herbert Roth in einem seiner Lieder stimmungsvoll dem Wanderer auf dem Weg zum Falkenstein zu. Mit einer Höhe von 96 m ist der Falkenstein für Tambach-Dietharz das landschaftliche Wahrzeichen. Im Jahr 2002 feierten die Bergsteiger gemeinsam mit vielen Gästen am Fuße des freistehenden Kletterfelsens das 150-jährige Jubiläum der Erstbesteigung durch Jacob Zimmermann im Jahre 1852. Zur Zeit der Kleinstaaterei hißte er auf dem Felsen die schwarz-rot-goldene Fahne, das Symbol für den ersehnten einheitlichen deutschen Staat. Zimmermann selbst musste seine Heimat verlassen und floh nach Rußland. Von der einstigen Idylle „Gaststätte Falkenstein", Kutschfahrten dorthin und dem nahe gelegenen Kinderferienlager am Hubenstein bleiben lediglich Erinnerungen. Die Bergwacht richtete ein Nebengelass her und reicht jetzt in den Sommermonaten wieder eine kleine Brotzeit.

Auf diesem Foto sehen Sie „Das Steigerhaus", ein beliebtes Ausflugsziel für Wanderer der umliegenden Orte. Als Kaffee- und Milchstation war es früher sehr beliebt und hat im Laufe der Jahre oft sein Aussehen geändert. Pfarrer Stiehler aus Altenbergen schrieb 1893 sehr treffend: „Kein weiter Blick ist hier, nein - nur ein stiller Ruhepunkt. Und doch, wie sitzt sich's hier so schön! Wie schmeckt der Trunk so gut! Jetzt grast ein Reh im nahen Wald, jetzt schreckt es auf und flieht. Denn dort keucht schwerbeladen ein Wagen daher. Und dieser Wagen hält, nicht nur, weil der Fuhrmann da in seinem blauen Kittel Durst bekommt, sondern auch, weil Chausseegeld zu zahlen. Ja! Das Steigerhaus ist in gleicher Weise eine Chausseegeldeinnahme wie das „Vierpfennighaus". Denn auch hier begegnen sich die Wege".
Seit 2003 präsentiert sich das völlig neu gestaltete Steigerhaus als „Erlebnisgasthaus" und ist wieder Anziehungspunkt für viele Gäste.

Die Aufnahme zeigt das erlegte Wild, die hirschgerechten Jäger, Treiberwehr und Dorfbewohner auf dem Innenhof des ehemaligen Forstamtes Dietharz um 1900. Die zur Anwendung gekommene Jagdart war die Treibjagd. Neben befähigten Jägern stand eine disziplinierte Treiberwehr zur Verfügung, die durch Vorgehen meist in geschlossener Linie, das Wild aufgestöbert und langsam den entgegenstehenden Schützen ohne viel Lärm zugetrieben hat. Das musste auch so sein, denn das Rotwild hat sehr scharfe Sinnesorgane, besonders ausgeprägt sind Geruch und Gehör. Es ist ein über Jahrhunderte gewachsenes jagdliches Brauchtum, dass das gesamte erlegte Wild, nach Art, Geschlecht und Stärke geordnet, zur Besichtigung der Strecke, durch den Jagdherren und dessen Jagdgäste versorgt, hingelegt wird. Neben der Treibjagd sind zur damaligen Zeit u.a. auch zur Anwendung gekommen der „Ansitz und Anstand" als besonders pflegliche Jagdarten und die „Pirsch", die das meiste weidmännische Können erfordert.

Die Schützen - Kompagnie Tambach-Dietharz, genannt auch „Sebastiansbruderschaft", wird in ihrer Gründung den Jahren zwischen 1250 bis 1350 zugeordnet, hiernach wäre sie die älteste des Freistaates Thüringen. Die Büchsenschützen von Tambach haben ein „silbernes Kleinoth auf etzlich Vierzig Gulden Werth gehabt, welches aber in Anno 1640 den 8.Juni bei dem Bomerischen Zugk auß der Kirchen neben anderen Gemein Sachen und Urkunden von den schwedischen Soldaten mitgenommen worden ist". Das jetzt noch vorhandene Kleinod entstammt dem Jahre 1740. Im Jahre 1797 wurde eine Schützenordnung durch die Landesregierung genehmigt, zu deren Anlass Herzog Ernst II der Gesellschaft eine Fahne verlieh.

Schützenkönig Fritz Klein trägt hier die älteste Schützenkette der Tambacher Schützen. Auf einem Lederwams befestigte Silbertäfelchen stehen immer für einen Schützenkönig eines Jahres. Die Schützenkette stellt ein Kleinod der Tambacher Schützen dar. Die Schützenkönige reichen bis in das 17. Jahrhundert zurück. Der Schützenschmuck, die Königskette, ist eine der wertvollsten und ältesten Ketten Deutschlands. Sie war eine Leihgabe der Schützenkompanie Tambach an das Museum der „Veste Coburg". Dort konnte man sie bis 2000 mit vielen alten Waffen und Rüstzeug besichtigen. Jetzt ist sie wieder in einem teilrestaurierten Zustand im Besitz des Tambacher Schützenvereines.

Tambach i. Thür. Wald, Hauptstraße

In seiner örtlichen Anlage ist Tambach ein Straßendorf, geografisch eingebettet in die sogenannte Tambacher Mulde. Der Ort erhielt sein uns heute vertrautes Bild nach dem Brand von 1842. Relativ breit und großzügig zeigt sich das Straßenbild. Das seitliche Abstellen von Leiterwagen etc. sowie aufgestapeltes Brennholz waren ein vertrautes Bild. Der Dorfgraben entlang der Straße war offen und rechts an den Häusern mittels Steinplatten bereits abgedeckt. Die Häuser sind eng aneinander gereiht, man sparte Baumaterial, denn bei zwei Häusern gibt es oft nur eine Giebelwand.

2064. Tambach Dorfstrasse I.

Die größere Stube diente als zentraler Aufenthaltsraum, als Arbeitsstätte (z.B. für Heimarbeit, Schusterei, Schneider) bzw. auch als Platz der Arbeitsvorbereitung (Holzgestelle um den Herd zum Trocknen der Arbeitskleidung der Fuhrleute bzw. Waldarbeiter oder der Pferdedecken), daneben gelegen schmale Schlafkammern, im hinteren Bereich die zumeist dunkle Wirtschaftsküche. Nach hinten zum Hof lagen das Seitengebäude für die Futterküche, die Stallung für die Viehhaltung und darüber Wohn- oder Vorratskammern. Ausgeprägt ist die Gestaltung des Kirchturmes, welcher ursprünglich als Wehrturm erbaut wurde.

Gruss aus Tambach (Hzgth. Gotha)

Verlag H. C. Zimmermann, Tambach (Hzgth. Gotha.)

Diese Aufnahme zeigt das so genannte Unterdorf von Tambach in der zweiten Hälfte des 19.Jahrhunderts. Der Ort wurde nach dem großen Brand 1842 wieder aufgebaut. Die Häuser sind einfach und zweckmäßig ausgestattet. Neu für den Marktflecken Tambach sind die schönen Grünanlagen, die 1873 vom Tambacher Verschönerungsverein an der Kirche und am Rande der Straßen geschaffen wurden als Oasen und Ruhepunkte für die sich im Sommer hier aufhaltenden Fremden. Die Szenerie auf diesem Bild spielt sich, sicherlich aus Anlass irgendeines Festes auf der neu angelegten Grünfläche, unterhalb des Abzweiges zur Burgstallstraße, gegenüber der Einmündung des Wiesenweges, ab. Heute befindet sich auf dieser Grünanlage die Wetterstation.

Das Bild zeigt das Maler-Tüncher-Geschäft von Alfred Weisheit. Aufgrund der finanziellen Möglichkeiten war der Ausstattungsgrad im Wohnkomfort begrenzt, eine recht einfache und zum Teil über Generationen weitergegebene Ausstattung war bestimmend. Weichholzmöbel wurden deshalb wieder aufgefrischt, mit einem neuen Farbanstrich versehen. In Mode gekommen ein so genannter Bierlack-Anstrich, der in seiner Natürlichkeit die Nachbildung einer angedeuteten Holzmaserung darstellt. Die Firma Weisheit verstand sich recht gut in dieser Arbeit, was eine gewisse Fertigkeit verlangte. Auch bei der Gestaltung von Schützenscheiben zum jährlichen Volksfest war die Dienstleistung der Firma gefragt.

Im Zeitalter der Autos wurden auch in Tambach-Dietharz Tankstellen errichtet. Das Bild zeigt die Tankstelle in der Hauptstraße 74 vor dem Geschäft des Uhrmachermeisters Sabinski. Weitere Tankstellen gab es in der Bahnhofstraße, Inhaber Herr Türk, am Bahnhof in Tambach-Dietharz, bei Familie Schwaab in der Oberhofer Straße, an der Gaststätte „Falkenstein" in der Bahnhofstraße, bei Heinrich Tanz (Mine Hänner) in der Hauptstraße, am großen Konsum in der Schmalkalder Straße, bei den Firmen Fritz Braun und Adolf Hopf. In heutiger Zeit gibt es nur eine einzige Tankstelle im Ort und die befindet sich auf dem ehemaligen Bahnhofsgelände.

Ein Unikum besonderer Art in unserem Ort war der „Orgel-Fritz". Als ältestes der 6 Überlebenden von insgesamt 10 Kindern des Ehepaares Auguste, geb.Baumbach, und Karl Klein lebte er von 1894 bis 1966. Über mehrere Generationen gab und gibt es in der Familie musikalische Talente. Der jüngste Bruder Hugo war ein gefragter Bandonionspieler in Berlin. Der Vater spielte auf einer großen, 5-Zentner schweren Karussell-Orgel, die Fritz nach dessen Tod erbte. Oft stand er schon morgens 6:00 Uhr vor einem Ferienheim und spielte ein Ständchen, sehr zum Ärger der Nachbarn. Wer sich genervt abwandte, wurde von Fritz als total unmusikalisch beschimpft. Fritz besaß insgesamt 3 Orgeln und überließ auch gern mal das Drehen seinen Zuhörern, wie man auf dem Bild sehen kann. 1966 starb er an den Folgen eines Wegeunfalls.

Hier sehen Sie eine Ansicht der Apotheke aus dem Jahr 1900. Das Gebäude wurde an der Stelle eines früheren Apothekengebäudes nach dem Brand von 1842 im spätklassizistischen Stil errichtet. Die Apothekengeschichte in Tambach ist nachweisbar seit 1685. Eine umfangreiche Darstellung der Historie erarbeitete der Apotheker Franz Jungeblut (1958-1976). Mit naturkundlichen Beschreibungen der Region hat sich der Apotheker Willy Matthias (1895-1917) verdient gemacht. (Naturlehrpfad - W. Matthias- gelegen im Spittergrund, dem Gedenkstein im Apothekengarten, sowie dem Matthiasbänkchen auf dem Köpfchen). In den Jahren 1992-1995 erfolgte eine grundlegende Objektsanierung, um den Anforderungen eines modernen Apothekenbetriebes entsprechen zu können. Bemerkenswert an dieser Karte ist der französisch verfasste Text von 1900.

Sonnabend in Tambach. 1902

Das Foto dokumentiert eindrucksvoll eine Szene vor der Dorfschmiede in der Hauptstraße 84 im Jahr 1902. Schmiedemeister war damals Ernst Raab, der den Betrieb von seinem Vater und Begründer der Schmiede, Georg Andreas Raab, übernommen hatte. Die Schmiede entstand 1834. Vorrangigste Aufgabe war der Hufbeschlag bei Pferden, Ochsen und auch Kühen, die als Arbeitstiere gehalten wurden. Bei Nutztieren wurden nur die Hornplatten mittels Schere und Raspel wieder in Form gebracht. Zur Tätigkeit gehörte auch das Aufziehen von fast glühenden Wagenreifen auf die Holzfelgen der Räder, damit sie nach dem Abkühlen festsaßen. Auf dem Foto sind 2 Leiterwagen mit derartigen Wagenreifen zu sehen. In der Schmiede wurde auch alles andere, was am Wagen aus Eisen war, hergestellt. Die Arbeit war schwer und mühsam. Letzter Schmiedemeister in dieser Schmiede war Werner Horn, der 1986 verstarb.

Dieses Foto zeigt die wunderschöne Fassade des einstigen Geschäftes „Buchhandlung und Schreibwaren KARL PFISTER". Der frühere Inhaber erwarb das Haus 1919 von Christian Malsch aus der Finsterberger Straße und baute den abgebildeten Laden. Karl Pfister hatte vordem am 01.04.1909 im ehemaligen Zigarrenladen von Paul Seyfarth ein Geschäft mit Schreibwaren und Ansichtskarten eröffnet. Nach Fertigstellung des Ladens im Nachbarhaus ist er in die neuen Geschäftsräume umgezogen. Im Folgenden wurde auch die Scheune ausgebaut zur Produktionsstätte von Kartonagen für die ortsansässigen Betriebe. Etwa 1930 kam die Druckerei dazu, und nach dem II. Weltkrieg wurde das Sortiment erweitert. Wanderführer, Landkarten und Andenken zählten zum Angebot. Ansichtskarten von Tambach-Dietharz und Umgebung wurden nun im eigenen Geschäft hergestellt. Das Ladengeschäft bestand bis 1961. Das Haus wurde 2001 modernisiert, der Laden wurde in Wohnraum umgebaut. Die Druckerei wird von einem der Söhne noch fortgeführt.

Nicht mehr zu erkennen das 2001 restaurierte Haus, Schmalkalder Straße Nr. 2, direkt neben dem Heimatmuseum. Es beherbergt heute ein Reisebüro und hat eine wechselvolle Geschichte hinter sich: 1929 - 1933 war es Filiale von Otto Böhm „Lebensmittel und Feinkost", Gotha Marktstraße 11. Inhaber war Paul Füldner. Speziell für die Reisezeit wurden Kolonialwaren, Delikatessen, Konserven, Südfrüchte, Konfitüren, Weine, Spirituosen, Keks, Zigarren, Zigaretten und Tabak empfohlen, aber auch Kaffee, Kakao, Schokolade und Pralinen. 1933 wurde das Haus Eigentum von Paul Füldner und als Lebensmittelgeschäft weitergeführt. 1947 - 1950 hatte ein Arbeitsamt seinen Sitz im Haus. 1950 - 1963 war der KONSUM mit Lebensmitteln eingezogen. 1963 - 1992 verkaufte der KONSUM hier Schreibwaren und Bücher (im Volksmund: „Sonjas Lädchen", da die langjährige Verkäuferin mit Vornamen Sonja hieß). 1992 - 1998 befand sich das Büro der Allianz Versicherung von Steffen Körner in diesem Haus.

Diese Ansicht gibt einen interessanten Einblick in das dörfliche Leben von Tambach um 1830. Im Vordergrund einer der historischen Laufbrunnen vor dem Kirchgarten, die der Trinkwasserversorgung dienten. Rechts im Bild das ehemalige Hotel und Gasthaus „Zum Lamm", das viele Jahre als historisches Haus wegen vorzüglicher Küche, schönen Zimmern, guten Betten, soliden Preisen, guten Weinen und Bieren, weit über die Grenzen Thüringens hinaus, bekannt war. Links daneben das Fachwerkhaus Schützenstraße 1, bis 1830 noch als **ein** Haus bezeugt, hat es durch Erbteilung die geringe Straßenbreite erhalten. Schön erkennbar die beiden Eingänge des Hauspaares, die nebeneinander an der später eingezogenen gemeinsamen Innenwand lagen. Es gab einen ursprünglich zentral gelegenen Flur, der bei der Hausteilung mit aufgeteilt wurde. Über das auf der linken Straßenseite liegende Fachwerkhaus, das heutige Heimatmuseum, und das Eckhaus zur Schmalkalderstraße wird an anderer Stelle berichtet.

Der Hirt hät gedütt (Herbert Frank)

„De Kuh us dn Stall, der Hirt hät gedütt!
Se sin schun an Lamm verbei.
Enuff in de Kälberhall trieben se hütt,
das kann uns nür racht gesei.
Denn de Kalben die fingt sich noch nech zeracht,
do muß örscht noch ais met enuhs,
un wenn's wiet es, es das ümmer schlacht,
wemme hinger dan Vieh har mut sus..."

„Die Kuh aus dem Stall, der Hirte hat getutet!
Sie sind schon am „Lamm" vorbei.
Hinauf in die Kälberhalle treiben sie heute,
das kann uns nur recht sein.
Denn die Kälber finden sich noch nicht zurecht,
da muss erst noch einer mit hinaus,
und, wenn es weit ist, ist das immer schlecht,
wenn man hinter dem Vieh hersausen muss! ..."

Auf beiden Fotos ist das Jahrmarktstreiben in Tambach zu historischen Zeiten festgehalten. Märkte entstanden und entwickelten sich mit dem Aufkommen und Anwachsen von Warenproduktion und der zahlungsfähigen Nachfrage. Bedingt durch die gute Verkehrslage an den alten Handelsstraßen hatten die bis zum Jahre 1500 hier abgehaltenen Korn-, Vieh- und Fruchtmärkte große Bedeutung. Während der Markttage verdiente sich umherziehendes Volk als Bänkelsänger, Harfenist oder als Hanswurst den Lebensunterhalt. Aus diesen Märkten entwickelte sich über viele Jahre hinweg, nach einer wechselvollen Geschichte, der Jahrmarkt mit Vogelschießen, wofür die Gemeinde Tambach am 08. April 1749 die Jahrmarktsgerechtigkeit erhielt. Jeweils Dienstag nach Trinitatis begann dieses Hauptfest der Tambacher. Straßen und Hofstätten wurden sauber gekehrt, auf dem Marktplatz wurden Karussells aufgestellt, Theater gebaut, Menagerien errichtet, Würfel-, Schieß- und Fressbuden aufgestellt. Auch die Buden für die Händler beidseitig der

Dorfstraße wurden errichtet. Dies und das Vogelaufziehen waren schon ein Fest für sich. Das Jahrmarkt- und Schützenfest übte zu allen Zeiten eine große Anziehungskraft auf Besucher aus, wie man auch auf den Fotos erkennen kann. Es war **das** Fest der Feste, das mit dem Jahrmarktskirchgang eröffnet wurde und nach geräuschvollem Treiben und ausgelassenen Feiern in- und außerhalb der Gasthäuser am 3. Tage sein Ende fand. Auch heute noch wird jährlich das Schützen- und Stadtfest gefeiert, wobei der Markt an sich seine Bedeutung weitestgehend verloren hat. Anders auf den Fotos vom Jahrmarkt Ende des 19.Jahrhunderts und von den dreißiger Jahren des 20.Jahrhunderts. Da beherrschte noch reges Markttreiben das Bild. Die Buden waren vom Schützenplatz bis hinauf zur Lutherkirche und die Dorfstraße hinunter bis Eingang Burgstallstraße aufgebaut.

Auf dem Foto sehen wir das Hotel & Pension „Schützenhof", dessen Besitzer damals Friedrich Ziegler war. Wegen seiner ruhigen, staubfreien Lage eingangs des Spittergrundes war es ein beliebtes, zu längerem Aufenthalt gern besuchtes Haus mit schattigem Biergarten und geschützter Kolonnade. In Prospekten warb man mit: „Eigene Badeanstalt, elektrisches Licht, mäßige Preise, anerkannt gute Küche und Hausdiener am Bahnhof". In der DDR wurde das Haus als FDGB- Ferienheim genutzt. Seit der Wende ist es wieder in Privatbesitz, wird nicht genutzt und ist wohl dem Verfall preisgegeben. Im Hintergrund, auf dem Köpfchen ist das einstige Christliche Hospiz Erholungsheim „Fürstenblick" zu sehen. Ein zufriedener Gast schrieb: *„Mit Dank und Liebe will ich stets gedenken, kehr ich ins liebe Bayernland zurück, an all das Herrliche, das mir zuteil geworden, beim Aufenthalt in Tambach's 'Fürstenblick'."*

Gruss vom Schützenhof.
TAMBACH
Thür. Wald

Schützenhof

Dieses Foto entstand etwa Anfang des 20.Jahrhunderts. Es zeigt vor dem noch unbebauten Köpfchen die ehemalige Hotel Pension „Schützenhof" mit Biergarten. Der Schützenhof galt damals mit 30 Zimmern und 60 Betten, Cafe, Konditorei, Restaurant und anerkannter Küche, Zentralheizung und speziellen Bädern im Hause als Erstes Haus am Platze. Im Vordergrund des Bildes der hölzerne Aquädukt, der den mit einer Gesamtlänge von 1.610 m längsten Mühlgraben im Bereich des Ortes Tambach-Dietharz über die „Wilde Spitter" geleitet hat. Der Mühlgraben, auch „Spitterkanal" genannt, trieb in der Vergangenheit die Spittermühle am heutigen Standort des Hotel „Zur Quelle", die Spittermühle oberhalb des jetzigen Heimatmuseums an der Waldstraße, die Kirchmühle gegenüber der Tambacher Kirche, die Hünefeldmühle und die Mühle an der Triftstraße an. Heutzutage ist der auf dem Bild zu sehende Bereich des Mühlgrabens vollständig verrohrt und befindet sich unter dem jetzigen Parkplatz der „Pinguin-Eisbar".

Mit einem großen Volksfest wurde 1933 das Tambacher Freibad eröffnet. Der Baubeginn geht auf das Jahr 1929 zurück. In mühevoller Arbeit, mit Hacke, Schaufel und Schubkarren, später dann mit Feldbahnloren und etwas motorisierter Technik wurde das Becken ausgehoben. Anstoß dazu war die Tatsache, dass mit Beginn der zwanziger Jahre der Kur- und Badebetrieb zunahm. Carl Pfister, Vorsitzender des Fremdenverkehrsvereines, sowie Oswien Bach und Arno Brückner waren die Initiatoren. Auf so manche sportliche Erfolge konnten die Tambach-Dietharzer Schwimmer und Wasserballer stolz sein! Der 1. Schwimmmeister war Walter Oschmann. Ihm folgten Erich Müller, Susi Wolf und nach dem Krieg über lange Jahre hinweg Franz Stadler. 1951 gründete sich der Schwimmverein neu, da in den Kriegsjahren alles zum Erliegen gekommen war. Durch Initiative von Bauingenieur Erich Raab (Oberhofer Str.) wurde „Motor" wieder auf Touren gebracht. Ca. 8 Jahre war eine rege Tätigkeit mit vielen Höhepunkten zu verzeichnen.

Tambach-Dietharz i. Th.
Der Spitterteich.

Ist er nicht eine Augenweide, der Spitterteich, in der hinteren Spitter gelegen, wie ihn noch unsere Großeltern und teils auch Eltern kannten? Nach alten Überlieferungen wurde er einst, ebenso, wie der Mittelwasserteich, Wedelbachteich und Schmalwasserteich, als Flößteich angelegt. Das heißt, unsere Vorfahren nutzten meist nach der Schneeschmelze die Fluten des Frühjahrhochwassers und deren Wasserkraft, um die in den Talgründen über Tambach und Dietharz aufgeklafterten Brennhölzer auf den Gebirgsbächen über Georgenthal nach der Residenzstadt Gotha zu flößen. „Stundenlang dauerte dieses Spiel des Holzes auf den treibenden Wellen, und man wurde nicht müde, demselben zuzuschauen". So beschreibt ein Tambacher das Flößen um 1841. Heute erinnert nur noch ein Wegeschild an den Teich. Er ist zugewachsen und kaum noch als solcher zu erkennen.

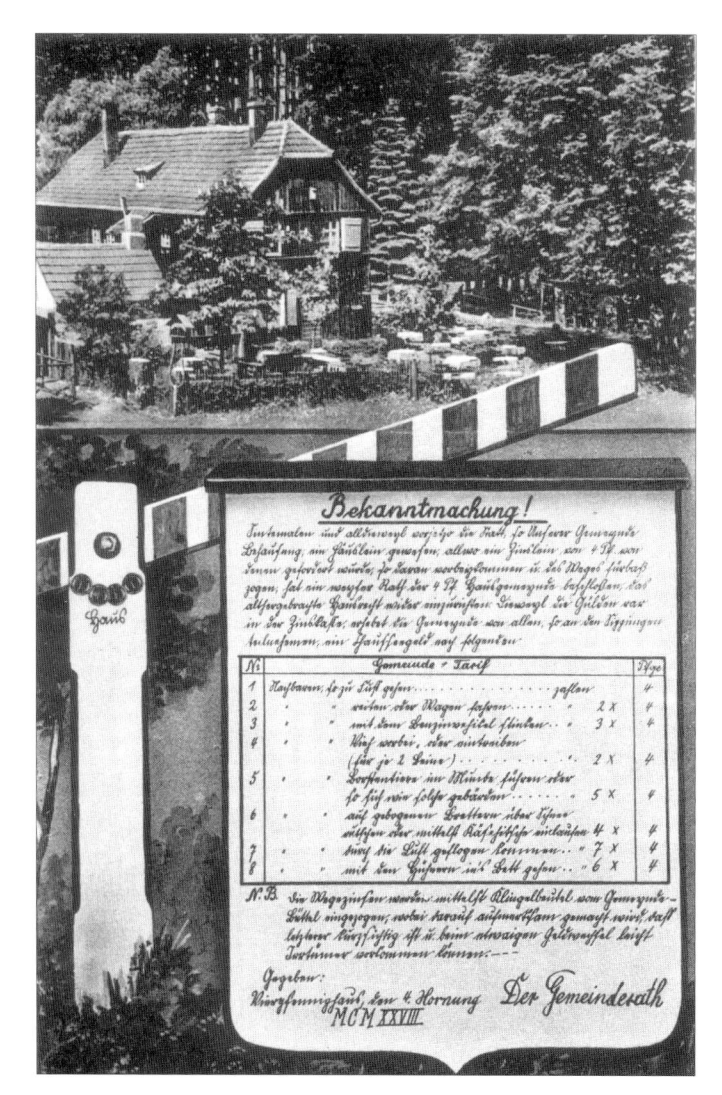

1765 stellte der herzoglich - sächsische Forstbedienstete Heinrich Georg Schramm in einem Bericht dar, dass es nötig sei, auf der alten „Vier-Pfennig-Wiese" ein kleines Häuschen zu errichten, da sich hier alle Fahrwege des hiesigen Forstes kreuzen und die Fuhrleute keinen geschützten Raum bei kaltem Wetter haben. So entstand 1766 das „Neue Haus", ein ansehnliches einstockiges Gebäude, welches dem Johnhauer (Oberholzhauer) und Unteraufseher des Freywaldes als Wohnung und Pirschhaus diente. Bis 1765 wohnte der Johnhauer in Catterfeld und hatte die Aufgabe, in den schneefreien Monaten die Holzladungen nachzusehen. Das „Neue Haus" wurde vergrößert, und 1820 bezog der Grenzförster August Clauder als 1. Forstverwaltungsbeamter eine Wohnung darin. Straßengeld wurde nicht vor 1813 erhoben. Als der große Straßenbau mit Gotha als Ausgangspunkt begann, stellte man erst eine Schranke auf.

Forst- und Gasthaus „Neues Haus" (Vierpfennighaus)

Inländische Wagen und Karren mit Holz, Früchten und sonstigen Waren beladen hatten je Pferd und 2 Ochsen 3 Pfennige zu zahlen. Andere inländische Fuhren mit Kaufmannsgütern, Kutschen, Cabriolets und vergleichbaren Fuhrwerken, die aber sehr wenig die Strecke passierten, mussten 4 Pfennige zahlen. Seit 1641 gibt es die „Vier-Pfennig-Wiese", welche ihren Namen nach einer alten Sage erhalten hat. Der ehemalige Eigentümer soll in einer schwachen Stunde (im volltrunkenen Zustand beim Würfelspiel) diese Wiese für 4 Pfennige verkauft haben, oder einer ihrer Grasmäher erhielt neben Verpflegung 4 Pfennige als Lohn fürs Absensen. Ihren Namen hat sie behalten, obwohl das Haus eigentlich nicht auf, sondern an und oberhalb der „Vier-Pfennig-Wiese" steht, da die von Tambach am „Neuen Haus" vorbeiführende Straße die Forstorte Kesseltal (östlich) mit der „Vier-Pfennig-Wiese" und der „Rote-Haarwiese" (westlich) von dem „Neuen Haus" trennt.

Bereits um 1350 erteilte das Kloster Georgenthal den Auftrag zum Bau einer Kirche als Tochterkirche zur Bergkirche, der damaligen Mutterkirche in Dietharz. So entstand ein gotisches Gotteshaus nach der von den Zisterzienser Mönchen bevorzugten Bauart ohne Turm. Anfang des 15. Jahrhunderts, so berichtet die Kirchenchronik, soll das Gotteshaus einen Turm erhalten haben. 1527 erhielt die Tambacher Kirche den Status der Mutterkirche. Um 1580 erfolgte eine grundlegende Reparatur, wobei die Kirche eine Kanzel erhielt. Mit einer Orgel ausgestattet wurde das Gotteshaus 1605. Bei dem Großbrand 1684 wurde die Kirche fast total zerstört und wieder aufgebaut. Mit dem Zusammenschluss der Dörfer Tambach und Dietharz 1919 erhielt sie den Namen „Lutherkirche". Nach dem Weihnachsgottesdienst 1968 erfolgte die Schließung auf Grund von massivem Pilzbefall infolge der Kriegsschäden. Anschließend erfolgte eine umfassende Sanierung mit maßgeblichen baulichen Veränderungen, die auch den Einbau der schönen alten Orgel nicht mehr ermöglichten. Am 5.12.1976 wurde die Kirche als „Gemeindezentrum Lutherkirche" wieder eingeweiht.

Schon im 12. Jahrhundert erhielt das Dorf Dietharz eine eigene Kirche, die sogenannte Bergkirche, die vom Kloster Georgenthal versorgt wurde. 1555 wurde die Verwaltung der Pfarrstelle einem in Tambach wohnenden Diakon übertragen. Um 1570 gab es einen Neubau der Kirche. Bis heute sind aus dieser Zeit noch zwei spitzbogige Fenster in der Altarwand und ein Taufstein mit der Jahreszahl 1560 erhalten. Mit Beginn des 30-jährigen Krieges wurde die Kirche zerstört. Erst nach 90 Jahren, also 1708, erfolgte die Wiedereinweihung. Es war eine echte Thüringer Dorfkirche entstanden, mit 2 Emporen und Kanzelaltar, an dessen Seiten sich die Figuren von Moses und Johannes dem Täufer befinden. Von außen umgab die Kirche bis 1945 eine Natursteinmauer, auch große Linden standen davor. Hinter der Kirche befand sich der Gottesacker der Dietharzer. Dieses Bild wurde in den letzten Kriegstagen 1945 zerstört. Mit einem festliche Gottesdienst am 15.09.1968 konnte die restaurierte Kirche der Gemeinde wieder übergeben werden.

Ende des 19. Jahrhunderts wurden im ganzen Land Kirchenchöre und Gesangsvereine ins Leben gerufen. Der Tambacher Männergesangsverein gründete sich aus gesangesfreudigen Männern aus Tambach und Dietharz um 1900 und bestand bis 1932. Das Foto wurde wahrscheinlich anlässlich der Fahnenweihe am 28. Juni 1914 aufgenommen. Zu dieser Veranstaltung waren 33 Gesangsvereine aus dem Herzogtum Gotha anwesend. Die Weihrede hielt Pfarrer Hans Meyer aus Tambach. Der Wahlspruch auf der Fahne lautete: „In Freud und Leid zum Lied bereit. Das walte Gott". Welche Bedeutung dem Männerchor beigemessen wurde, ersieht man daran, dass in alten Urkunden unseres Kirchenarchivs, wo die Gemeindemitglieder nach Namen, Stand und Gewerbe bezeichnet stehen, außer dem Nachbarrecht ausdrücklich vermerkt ist, wenn jemand auch Mitglied des Musikchores war.

Die Bevölkerung von Tambach und Dietharz trug zu besonderen Anlässen die Tracht der Thüringer Waldsaumstraße. Diese ist eine Festtagstracht aus dem 18./19. Jahrhundert, welche in früheren Jahren oftmals die einzige Festkleidung der bäuerlichen Bevölkerung war und wurde somit von Generation zu Generation vererbt. Für die Frauen hieß das viele Röcke übereinander zu tragen, mit Bluse, Weste, Schultertuch und als Kopfbedeckung die „Wimmerische Haube". An der Anzahl der goldfarbenen Knöpfe an den Männerwesten konnte man erkennen, wie wohlhabend die Männer waren. Bei den Frauen zeigte das der Spiegel der Haube. Auch in Tambach gab es um 1907 schon einen Trachtenverein, der mit Gesang und Tanz das volkstümliche Brauchtum pflegte. So nahm dieser am 7. Dezember 1907 am 1. Trachtenfest in Gotha teil. Heute gibt es in unserer Stadt zwei Trachtenvereine: den Tanz- und Trachtenverein „Anneka" und die „Thüringer Trachtengruppe der sieben Täler e. V.".

Hochzeiten waren früher wie heute meist der Anlass zu großen Feiern. So nahmen auch hier die ganze Verwandtschaft, Nachbarschaft und Bekannte daran teil. Das Bild zeigt die Hochzeit der Familie Albin Kachel im Tammichgrund. Rechts im Bild ist Christian Gollhard zu erkennen, der die Festgesellschaft mit seinem Gesang erfreute. Anlässlich solcher Hochzeiten war es üblich, außer dem Hochzeitskuchen auch den extra guten „Patenkuchen" zu backen, welcher noch vor der Trauung als Dank an die Paten des Brautpaares und befreundete Familien verteilt wurde. Am Ende des Backtages, nach dem Kaffeetrinken, zogen die Frauen, die beim Backen geholfen hatten, und deren Kinder weißbeschürzt als Überbringer des Kuchenpräsents zu Fuß mit Kuchentabletts und Kuchenkörbchen durch Tambach und Dietharz.

In den Körbchen der Kinder befanden sich trockener, geschnittener Kuchen und Plätzchen. Die Frauen trugen den guten, nassen Kuchen. Paten bekamen 1/4 bis 1/2 Patenkuchen geschenkt. Bekannte und Freunde bekamen weniger und einfachere Gebäckstücke. Auch diejenigen, die beim Backen geholfen hatten, bekamen Kuchen. Manchmal spannten die Kinder ein Seil über die Straße und ließen andere Kinder erst hindurch, nachdem sie aus dem Körbchen Kuchen oder Plätzchen entnommen hatten. Der Brauch hielt sich bis zu Beginn des II. Weltkrieges. Nach dem Krieg lebte er nicht wieder auf. Dieses Foto entstand aus Anlass der Hochzeit von Anna Raab, geb. Möller, (ehemalige Inhaberin des „Thüringer Wald") 1932 vor der Villa „Schulze" an der Kreuzung Waldstraße / Große Verbindungsstraße, heute August-Bebel-Straße. Zu der Hochzeit waren über 100 Gäste geladen.

Ev. Töchterheim Sonnenblick I. Tambach, Herzogt. Gotha.

Dieses Bild vermittelt einen Eindruck von der Bebauung der oberen Waldstraße etwa um 1910. Das Kurhaus, Haus Sonnenblick II, Villa Roettle, das Sanatorium (ab 1915 „Haus Tannenberg"), die Villa Prinzenrod und das evangelische Töchterheim „Haus Sonnenblick I" existieren schon. Dominierend auf dem Bild ist das „Haus Sonnenblick I". Es wurde vom Tünchermeister Heinrich, Albert Kammacher ursprünglich als eigenes Wohnhaus gebaut, aus finanziellen Gründen aber nach der Fertigstellung 1907 für 28.000 RM verkauft. Am 08.05.1907 wurde es als evangelisches Töchterheim eröffnet. Prominenteste Schülerin war die Prinzessin Luise von Meiningen, die 1915 2 Semester Haushaltsschule in Tambach absolvierte. 1918 wird das evangelische Töchterheim aufgelöst und in ein Arbeiter-Erholungsheim umgewandelt. Seitdem war das Haus bis 1989 immer Erholungsheim unter unterschiedlichen Namen. Bekanntester Name war „Haus des Friedens". Nach der Wende wurde das Ferienheim in ein Mehrfamilienwohnhaus umgebaut.

1901 wird das „Kurhaus" auf der Waldstraße gebaut. Es diente als Pension, Logie und Restaurant und war bevorzugtes Haus für Kuraufenthalte. Besitzer war Ernst A. Bergk. Stolz präsentierte man auf alten Ansichten nicht nur das wunderschöne Haus, sondern auch die wunderschöne Aussicht vom Fenster aus. Im hauseigenen Prospekt wirbt man mit folgenden Worten für einen Kuraufenthalt: „Der besondere Standort unseres Hauses, 60 m über dem Luftkurort Tambach, inmitten einer der schönsten zusammenhängenden Waldgebiete Deutschlands bestätigt, dass hier auf ideale Weise der Kuraufenthalt mit gesundheitlichem Erfolg abgeschlossen werden kann". Nach unterschiedlichen Nutzungen über lange Zeit: christliches Hospiz, Seminar für klassische Gymnastik und Kinderkurhaus wurde das Haus am 30. Juni 1997 geschlossen und wartet seitdem, bisher leider vergeblich, auf einen neuen Nutzer.

Diese Luftaufnahme von 1942 zeigt auf engem Raum markante Dinge unserer Stadt. Zunächst die Hauptverkehrsadern, die durch unseren Ort führten, Hauptstraße und Schmalkalder Straße, die an der Lammsecke fast im rechten Winkel aufeinander stoßen. An diesem Straßenverlauf hat sich trotz der vielen verheerenden Brände über Jahrhunderte nichts geändert. Nur die Bebauung ist anders geworden, durch Brandgassen getrennt, Giebel an Giebel gebaute Wohnhäuser mit den in 2. Reihe dahinter befindlichen Stallungen, Seitengebäuden und Gärten. In der Mitte des Bildes befindet sich die Lutherkirche wie wir sie noch vor dem Umbau kennen. Neben der Kirche sehen wir die Rektor- und Neubauerschule, rechts unten die Witzmannschule. Am rechten Bildrand erkennt man die noch unbebaute Brückenwiese. Der Kurpark existiert noch nicht. Links im Bild dominierend ist das langgestreckte, noch nicht durch Um- und Anbauten verschandelte Fabrikgebäude der damaligen Fa. Wiesner AG, unter dem Namen „GLÜSO" am meisten bekannt.

Musik spielte schon immer eine große Rolle in unserem Ort. So wurde in den 20er und 30er Jahren des vorigen Jahrhunderts in vielen Familien und Häusern Hausmusik gemacht. Fest steht, dass 1919 vom damaligen Postvorsteher Heldt eine Blaskapelle gegründet und auch geleitet wurde. Wann sich der erste Spielmannszug gebildet hat, ist leider nicht bekannt. 1927 aber zog ein Spielmannszug, bestehend aus Tambacher und Dietharzern Einwohnern, mit traditioneller Marschmusik durch unser Städtchen. Alle Musiker waren Mitglieder des damaligen Sportvereins. Der 2. Weltkrieg setzte dem ein Ende. Mit der Neugründung des Spielmannszuges 1946 hielt auch die Musik wieder Einzug. Sogar ein Pionier-Spielmannszug wurde 1959 gegründet, dessen Tambourmajor Egon Stötzer war. Das Ende kam 1983. Es fehlen in unserem kleinen Städtchen heute Menschen, deren musikalische Ausbildung ausreicht, um Musikgruppen zu führen und anzuleiten.

Thüringer Bauernhäuser in Tambach.

Das Siedlungsbild in der Tambacher Mulde ist geprägt von Merkmalen der fränkischen und thüringischen Fachwerkbauten. Der uns heute im Altstadtteil auffallende Baustil ist wesentlich nach dem letzten Brand im Jahre 1842 entstanden. Eile war geboten. Fachleute und Material waren begrenzt. Jeder packte an und schuf eine Bleibe. Reiche Verzierungen und Schmuckelemente blieben aus, Zweckmäßigkeit war gefragt. Den Gebäudeunterbau bildeten zumeist in Lehm gelegte Bruchsteinmauern des aus der Umgebung gebrochenen „Rotliegenden-Sandsteins". Das Straßenbild prägte für den Betrachter die große Torfahrt als Wirtschaftseinfahrt, um mit dem Leiterwagen über den Hof zum Scheunengebäude zu gelangen. Am Fachwerk findet man typisch die Ausbildung des Leitersprossenfachwerkes und zur Verstrebung die Figur des „Thüringer Mannes". Lediglich an den Kopfbändern des vorspringenden Obergeschosses findet man einfache Schnitzereien, welche farblich dem Haus einen schlichten Schmuck verleihen.

„Dar Schädel's Friedrich kümmt von Goth' „ und brachte aus der Stadt so manch benötigte Dinge fürs tägliche Leben mit. Neben dem was selbst erwirtschaftet wurde, waren Kolonialwaren (u.a. Kaffee, Tee, Fisch und mehr) eine gewisse Abwechslung, soweit es der zumeist schmale Geldbeutel erlaubte. Der eigene Verkaufsladen am Hög (kaum größer als 12 qm) hielt Grundnahrungsmittel und diversen Küchenbedarf bereit. Ein Schiebefenster gab's, und hatte Mutter einen guten Tag, so war vielleicht auch für'n Zwiener (2 Pfennige) ein Zuckerbonbon übrig. Nicht ungewöhnlich war es, dass man beim Händler anschreiben ließ. Mit dem nächsten Lohn des Vaters konnte wieder bezahlt werden (damaliger Lohn - etwa 20 Mark in der Woche, und das bei einer Familie mit 5 und mehr Kindern). In der „Thüringer Waldpost" von 1914 inseriert Friedrich Schädel, dass er ab sofort sein bisher betriebenes Milchgeschäft täglich geöffnet hat und auch Milch, Butter, Käse, Eier, Kaffeesahne, Speisequark und Käsequark liefert.

Dieses Weltpostkartenmotiv dürfte eines der interessantesten der Tambacher Dorfstraße sein. Die Aufnahme ist ca. 100 Jahre alt und zeigt die jetzige Schmalkalderstraße kurz vor dem Abzweig zur Friedrich-Hörchner-Straße bis zum Eingang in den Tammichgrund. Rechts im Bild das Geschäft der einstigen Bäckerei Rhön, daran angrenzend das im Jahre 2001 restaurierte Fachwerkhaus und nur durch die zum Schnepfenstein führende, schmale Gasse (Scheidegraben) getrennt, auf dem Platz, wo heute das ehemalige Landwarenhaus steht, befindet sich eine Gaststätte namens „Gaststätte Stadt Schmalkalden". Inhaber waren Otto Kühn und Familie. In einer alten Stadtchronik steht: „1903 wurde hinter dem Gasthaus „Stadt Schmalkalden" das Gemeindebackhaus gebaut". Die Mauer am Rain existiert noch nicht. Der Abwassergraben rechts im Bild ist vor Toreinfahrten und der Dorfgraben links im Bild gänzlich mit großen Steinplatten abgedeckt.

Tambach, Dorfstrasse.

Das im 13. Jahrhundert erbaute älteste Fachwerkhaus Tambachs stand an der Ecke Tammich- und Högstraße. Mehrere Brände, darunter zwei Großbrände, hatte dieses Haus überstanden. Die Ost- und auch die Südseite waren jeweils mit einem Spruch verziert. So konnte man an der Ostseite: „Alt werden ist Gottes Gunst, jung bleiben, das ist Lebenskunst" lesen und an der Südseite: „Dieses Haus steht in Gottes Hand, der Herr bewahr vor Feuer und Brand und alle, die gehen aus und ein, lass dir, Herr, befohlen sein." Dieses geschichtsträchtige Haus konnte leider trotz aller Bemühungen der damaligen Ortsgruppe des Kulturbundes 1967 nicht vor dem Abriss bewahrt werden, da es keinen Denkmalschutzstatus hatte. Typisch für das Ortsbild zu dieser Zeit ist das Ochsenfuhrwerk mit Leiterwagen im Vordergrund des Bildes.

Die Dörfer Tambach und Dietharz wurden über alle Jahrhunderte immer wieder von verheerenden Hochwassern heimgesucht. Ausgelöst wurden diese meist durch ergiebige Regengüsse. Unsere kleinen, normalerweise so friedlichen, Gebirgsbäche schwollen zu reißenden Strömen heran. Allein im 19.Jahrhundert gab es 6-mal Hochwasser. Brücken und Stallungen wurden hinweggerissen, Bauhölzer von den Zimmerplätzen und Heu von den Wiesen, sogar eine Schneidemühle wurden hinweg gespült. Auch ein Menschenleben war zu beklagen. In der Nacht vom 23. zum 24. November 1890 wurde der 17-jährige Heinrich Lips beim Bergen von Holzvorräten von den Fluten der Spitter mitgerissen.

Seine Leiche fand man am anderen Tag unterhalb des Ortes von Sand und Steingeröll bedeckt. Auf den Bildern sehen wir die Folgen des gewaltigen Unwetters vom 11. Juni 1910. Damals ging eine Wasserhose im Tammich nieder und richtete große Verwüstungen an. Das letzte große Hochwasser hatten wir am 09. August 1981, als eine Wasserhose über dem „Spittergrund" niederging und große Schäden im Spittertal und im Wiesengrund der „Apfelstädt" zwischen Tambach-Dietharz und Georgenthal anrichtete. Viele Straßen, die nach Tambach-Dietharz führen, waren stundenlang nicht passierbar.

Die Tammichstraße ist eine der ältesten Straßenzüge in Tambach. Charakteristisch für die Bewohner des Dorfes waren Holzstapel vor den Häusern. In dieser Zeit herrschte im Wald eine andere Ordnung als heute. Es gab vorgeschriebene Tage, an denen Holz gesammelt werden durfte. Stärkere Äste behielten sich die Holzhauer vor. Durch Lose wurden Waldstücke im herzoglichen Wald zugeteilt, auf denen man manuell Stocken (Baumwurzeln) roden durfte - eine Knochenarbeit! Das Tammichwasser nutzten die Frauen u. a. zum Spülen ihrer Wäsche. Die Kinder waren mit dem Hüten der Ziegen beschäftigt. Hatte Vater einmal Zeit, so wurde mit Leimruten manch Sperling oder Kibitz gefangen. Die Vögel erfreuten die Menschen in den Wohnstuben mit Gesang. Von Person bekannt, wohnte im Tammich der Schmidt's Friedrich mit seinen 11 Kindern. Er führte ein Kolonialwaren- und Fuhrmannsgeschäft. 1933 trennte er die Geschäfte. Seine Tochter, die Kachel's Kläre mit ihrem Mann Alwin führte das Geschäft als Gemüseladen weiter. Das Fuhrgeschäft Schmidt kann hingegen in der Generation Willi, Horst und Uwe auf ein 70-jähriges Bestehen zurückschauen.

Oberhalb der ehemaligen Bürstenfabrik im Tammich führt am linksseitigen Berg ein Weg zum Lutherbrunnen. Wie die Sage berichtet, hat Dr. Martin Luther auf der Rückreise vom Schmalkalder Fürstentag vom 26. Februar bis 27. Februar 1537 in Tambach gerastet und sei von einem Trunk kühlen Gebirgswassers von einem äußerst schmerzhaften Steinleiden befreit worden. Zur Erinnerung an Martin Luther wurde der alte „Tambach Born" zum Reformationsjubiläum am 31. Oktober 1717 in „Dr.- Martin- Luther-Brunnen" umbenannt. Auf einer Tafel aus Hühnberggestein standen die Worte, welche Martin Luther an die Wand des Geleitshauses geschrieben haben soll: „Tambach est mea Phanuel, ibi appariut mihi dominus" (Ort des Heils, hier erschien mir der Herr).
Anlässlich der Festtage zum Lutherjahr 1996 wurde ein Lutherstein am Standort des alten Geleitshauses eingeweiht.

In früheren Zeiten waren die Waldgemeinden bei starkem Schneefall völlig abgeschnitten von der Außenwelt. Die Hauptverkehrsstraßen wurden bevorzugt durch Schneepflüge beräumt, die mit bis zu 8 Pferden bespannt wurden. Schneepflüge dieser Art dienten noch bis in die 70er Jahre des vorigen Jahrhunderts zum Schneeräumen. Während auf den Hauptstraßen schon Räumfahrzeuge fuhren, wurden die Nebenstraßen noch mit Pferdekraft beräumt. Die Schneepflüge wurden rechtzeitig auf dem Schützenplatz stationiert, damit die Fuhrleute bei Schneefall anspannen konnten. Das Bild zeigt ein Gespann mit 8 Pferden, oberhalb der damaligen Gaststätte „Pfestorf", heute „Tammichgrund".

1906 gründete sich im Gasthof zum Bären der Sport-Club Tambach und am 21.12.1924 die Wintersportabteilung. Im Winter 1924/25 wurde im linken Tammich die Nesselbergschanze gebaut und am 22.03.1925 von Karl Hildebrandt eingeweiht. 1954 wurden die Trainingsmöglichkeiten durch eine Jugendschanze im rechten Tammich weiter verbessert und die Nesselbergschanze in „Otto-Vier-Schanze" umbenannt. 1959/60 wurde der „Backen" baulich verändert und die Schanze als eine der ersten mit Matten ausgestattet. Prominentester Springer war Helmut Recknagel. Auf dem Sektor des Wintersportes erfolgte 1963 eine Bereinigung. Der ehemalige Traditionsstandort für die nordischen Disziplinen wurde in Tambach aufgegeben und ein Leistungszentrum für Biathlon gegründet. Damit fand ein erfolgreiches regionales Wettkampfleben sein Ende.

Beide Sprungschanzen verfielen.

Den gültigen Schanzenrekord hält mit 56,5 m der Sportfreund Berno Stötzer „Motor Tambach-Dietharz".

1899 überwies der gebürtige Tambacher, Liborius Gollhardt, welcher als armer Zimmergeselle in der Mitte des 19.Jahrhunderts nach Amerika ausgewandert war und sich dort ein großes Vermögen erwarb, der hiesigen Schulklasse als Geschenk 1.000 Mark mit der Bestimmung, die Zinsen des Kapitals für Kinderfeste und Schulausflüge zu verwenden. Das Kapital selbst wurde unter der vom Spender vorgeschriebenen Bezeichnung „Liborius und Charlotte Gollhardt-Stiftung" sicher angelegt. Von diesem Gelde wurde auch das „Gollhardts-Tempelchen" an der Nesselbergstraße, oberhalb des Apfelstädttales, gebaut. Dank interessierter Bürger wurde es bis heute erhalten und dient so auch weiterhin als Rastplatz oder Schutzhütte für Wanderer.

Vom Vorteich der Gothaer Talsperre im Apfelstädter Grund aufwärts erreicht man zur rechten Seite den Bielstein, eine etwa 40 m hohe Felswand. Hier sollen die Altvorderen einem Gotte „Biel" geopfert haben. Nach Grimm sind Bielsteine Felsen, auf denen das Wild zum Stehen gebracht und so erlegt werden konnte. Für unseren Bielstein ist dies durchaus eine realistisch anmutende Möglichkeit der Namensdeutung. Vor vielen Jahren sprang ein von einem Hunde verfolgter Hirsch „Der zahme Hans vom Nesselberg" in die Tiefe. Frau Berta Niemeyer, einst Urlauberin aus Neuenkirchen bei Hannover, schreibt in ihrem Gedicht über den Bielstein: *„Schön der Pfad hinauf im Walde, an der Talsperre entlang, hin zum Bielstein an den Wiesen, sich ein Oh der Brust entrang. Oben auf dem hohen Felsen, hell des Försters Waldhorn hallt, blies das Lied vom Wiesengrunde, dass es weit im Tal erschallt. Es erfüllte unsre Herzen, macht den Anblick weihevoll, hier vergaß man Leid und Schmerzen, nur dem Herzen Dank entquoll".*

Forsthaus Nesselberg bei Tambach im Thür. Wald
(640 m ü. d. Meeresspiegel)

Das Nesselberghaus ist etwa 1840 erbaut worden und diente als Rast-, Logie- und Forsthaus. Der alte Handelsweg über das „Pflaster" hatte ausgedient. Mit dem Bau der Kunststraße 1829 schuf man eine günstigere Rennsteigüberfahrt und in diesem Zusammenhang steht der Bau des Hauses. Die Vorspanndienste der Tambacher Fuhrleute bedingten einen Rastplatz auf der Höhe für Fuhrmann und Gespann. Ein im Unterstock des Hauses stationierter Förster durfte Speis und Trank reichen, wenn auch nur in einfachster Form. Das Gasthaus „Nesselberg" sah manche schöne Zeit, frohe Wanderer des Weges ziehen, aber auch der Ausdruck „Glück auf" findet seine Bedeutung. Denkt man an die Gretel oder Bärbel als zünftige Wirtsfrauen, so hatten sie für den Gast immer ein freundliches Wort und eine Brotzeit übrig. Wohl Gott vergelt's dem künftigen Wirt!